NÉCESSITÉ

DU RÉTABLISSEMENT

DES

JURISDICTIONS PRÉVÔTALES,

Par l'Auteur de

Moyen très-équitable de réparer une grande partie des désastres de la France.

LOTTIN DE SAINT-GERMAIN, Imprimeur du ROI et de la Préfecture de Police, rue de Nazareth, Palais de Justice.

Octobre 1815.

NÉCESSITÉ

DU RÉTABLISSEMENT

DES

JURISDICTIONS PRÉVÔTALES.

Quousque tandem abutêre patientiâ nostrâ ?
quandiù nos etiam furor iste tuus eludet ?
quem ad finem sese effrenata jactabit au-
dacia ?

Cic. Orat. 19ª. in Catilin.

VINGT-CINQ années de forfaits plus horribles les uns que les autres s'étaient succédées : cependant les Bourbons rentrèrent, en France, l'olivier à la main et tous ces crimes restèrent impunis.

Pendant les dix mois d'un règne dont l'unique défaut fut d'être trop clément (1), une partie des malheurs de notre pays fut réparée : on commençait à oublier même les criminels : ceux

---

(1) L'expérience ne l'a que trop prouvé : qu'elle ne soit pas perdue pour laconduite future des gouvernans actuels : qu'ils soient aussi fermes que leurs prédécesseurs étaient timides.

qui avaient reçu les blessures les plus profondes furent assez généreux, assez confians pour ne pas désarmer leurs ennemis; au même moment, les ingrats conspirèrent à mesure qu'ils virent le calme se rétablir, leur fureur augmenta, bientôt ils poussèrent l'audace jusqu'à ramener, au milieu de nous, l'ennemi de l'Europe entière.

Pendant qu'ils dirigeaient vers nos frontières des bandes de parjures armés, ils réunirent, à Paris, la lie de toutes les contrées de la France, et la firent tellement fermenter, que la proscription de cette famille qui, seule, pouvait nous réconcilier avec le ciel et la terre fut de nouveau jurée.

Malgré ces sermens et tous les efforts des traîtres, depuis quatre mois, nous avons le bonheur de posséder notre Roi légitime, la colère divine a exterminé un grand nombre de ces révoltés, elle en a désarmé quelques-uns, elle en a mis d'autres en fuite.

Quant à la justice nationale, on est affligé que, jusqu'à présent, elle ait été paralysée : *un seul* des grands coupables a subi la peine due à l'insigne perfidie de *tous*; aussi ceux qui ne sont pas complices de la conspiration, qui a éclaté en mars dernier, sont au moins étonnés de l'existence de tous les autres chefs qui trouvent toujours des moyens de correspondre entre eux, peut-être même de se réunir. Ce qui le prouve, c'est que les oisifs sont soudoyés, puisqu'on les voit dans l'ivresse, puisqu'on rencontre leurs attroupemens, puisqu'on entend -leurs cris séditieux : tout cela ne démontre-t-il pas, jusqu'à l'évidence, que les méchans méditent de nouveaux complots qui, s'ils ne sont déjoués très-promptement, produiront des effets plus affreux encore que tout ce que nous avons éprouvé jusqu'à ce jour (1) ?

---

(1) Si la justice eût été plus prompte et plus sévère, dès les premiers jours de la rentrée du Roi, on n'aurait pas, dans les journées des 6 et 7 de ce mois (*), été effrayé par des frénétiques proférant des vœux impies contre les Bourbons ; on n'aurait pas vu cet homme très-grand qui portait une cocarde tricolore mal recouverte d'une loque blanche qui laissait entrevoir le signe de la rébellion. Cet homme, qui a dit s'appeler Coffin et être tambour-major dans la Garde-Royale (**), n'est-il pas (si sa déclaration est vraie) un nouvel exemple de l'astuce des conspirateurs qui, toujours, trouvent le moyen de s'introduire dans des fonctions qui ne devraient être confiées qu'à des royalistes bien prononcés.

(*) Ou ces agitateurs sont en démence ; dans ce cas, il faut les séquestrer, pour toujours, de la société.

Ou ils ont été amplement payés, car ils savaient bien que, ces deux jours là sur-tout, ils ne pouvaient manquer d'être arrêtés par la garde nationale ou par le peuple qui ne souffrirait pas, impunément, que

A quelles circonstances, autres que celles où se trouve la France, pourraient jamais être plus applicables ces exclamations du Prince des orateurs, du modèle des vrais amis de la patrie ?

La patience du Sénat romain peut-elle être comparée à la clémence de notre Roi ? La fureur et l'audace des factieux n'ont-elles pas surpassé, en France, celles de l'homme à qui Cicéron reprochait de ne respirer que le crime ?

Quel sera le terme des forfaits des complices de cette ligue impie ?

Impossible de le prévoir, tant que la poursuite des crimes et délits sera, *exclusivement*, confiée à des hommes qui, par leur éducation, leurs habitudes, leurs principes philantropiques et même religieux, sont toujours disposés à traiter leurs semblables avec indulgence.

Sans doute, le pardon des injures particulières et personnelles est une de ces vertus sublimes que chacun de nous ne saurait trop pratiquer dans sa vie privée ; mais l'homme public, agissant au nom de tous, quand la société est

---

sa joie fut troublée. Plus le danger d'être détenus, ou bannis, ou déportés était évident, plus ils ont dû vendre cher leurs bons offices ; dans ce cas, il est de toute justice de les punir, suivant la rigueur des lois ; mais il faut sur-tout rechercher ceux qui les ont soudoyés.

(**) M. le Chef de la sixième Légion de la garde nationale a été instruit de tous ces détails.

outragée , ne devrait songer qu'à la venger , parce que cette vengeance est le plus sur moyen de prévenir d'autres crimes.

L'impunité des coupables prolonge les malheurs de la patrie et ceux qui favorisent cette impunité (quelque respectables que soient leurs motifs, sous tous les autres rapports) deviennent, par le fait, complices, sinon des délits commis, au moins de ceux que d'autres malveillans préparent et qu'ils ne manqueront pas de consommer , s'ils ne sont effrayés par l'activité , la célérité des poursuites et par la rigueur des peines infligées à leurs prédécesseurs dans la carrière de l'iniquité.

L'éducation est la *seule* sauve-garde des bonnes mœurs , conséquemment de la tranquillité publique.

Depuis 1789 , quel a été le système de l'éducation ?

Inde mali labes.

Aussi, nous avons entendu traiter la piété, de démence : la moralité n'a plus été considérée que comme une originalité : la probité a été couverte de mépris : la soumission aux chefs a été appellée pusillanimité : l'habitude des plaisirs a remplacé celle du travail.

L'impiété , l'immoralité, la déloyauté, l'insubordination , l'oisiveté et la débauche sont à un tel dégré, qu'il y aurait de la témérité à tenter encore de ramener les pervers à des sentimens plus purs par la douceur et la persuasion : traiter les malfaiteurs avec indulgeuce , ce serait leur livrer les gens de bien : ne pas réduire les malveillans à l'impossibilité physique de nuire, ce serait porter le désespoir dans les ames vertueuses.

Espérons que de nouveaux Rollin pourront inculquer des principes généreux aux enfans très-jeunes , et former des citoyens honnêtes ; mais quant à ceux qui , déjà , ont le cœur corrompu , l'expérience de dix-sept mois a démontré , jusqu'à l'évidence , qu'ils sont incurables et qu'il est devenu indispensable de remettre enfin dans la main de la *seule* justice cette force publique qui doit écraser les méchans.

Il ne suffit pas que l'autorité protège la bonne cause , il faut qne cette protection soit notoire pour tous et dans toutes les circonstances : il faut développer, *luce palam ,* une force publique tellement imposante que ceux qui méditent le crime ne puissent avoir le plus léger espoir de succès. C'est un dernier combat à livrer , et son résultat ne peut être que l'anéantissement total de l'un ou de l'autre parti.

C'est sur - tout à vous , Ministres d'un Roi souverainement juste , que je prends la liberté d'adresser très - respectueusement ces utiles vérités.

La France vous bénira , si , comme nous avons lieu de l'espérer d'après votre ancienne réputation , vous attaquez les brigands en face ; si vous rejetez tout système de tergiversation, de ménagement , de faiblesse ; si vous saisissez vigoureusement le glaive de la justice , et ne le posez qu'après la défaite complette de tous les perturbateurs du repos public.

Voilà les seuls moyens de sauver votre pays : l'intérêt de la société toute entière vous fait un devoir de les employer : cette conduite courageuse sera la preuve que vous êtes dignes de la confiance dont vient de vous honorer le père des français : aucun danger personnel n'altère la sécurité de ses traits majestueux : l'espoir qu'il a de ramener le calme au sein de sa famille , le console des chagrins inséparables de la royauté sur-tout dans ces circonstances critiques. Aujourd'hui , il veut que vous partagiez ses tourmens ; dans peu , si vous le secondez efficacement, vous participerez à son bonheur et à sa joie.

Studieux par goût, toujours occupé des intérêts de sa chère Patrie, il a utilisé sa retraite en consultant l'histoire et les criminalistes, pour découvrir ce qui, dans la législation ancienne, pourrait convenir aux tems où il monterait, *de fait*, sur ce trône qui lui appartenait *de droit*.

Il a vu, qu'après la guerre et les troubles politiques, l'établissement des justices militaires avait paru le moyen le plus sûr de maintenir la tranquillité publique, pour exterminer ceux qui la troublaient (dit un publiciste ancien); il a vu que, dès l'an 1221, cette magistrature énergique avait été créée, et que son pouvoir avait été, de tems à autre (1), augmenté ou restreint suivant les besoins de l'État.

Louis le Désiré parût enfin pour essuyer nos larmes et, instruit par l'expérience des siècles passés, il a fait publier la Charte dans laquelle il annonce qu'on examinera s'il est nécessaire de rétablir les jurisdictions prévôtales (2).

Provoquer la discussion à ce sujet, c'est suivre les intentions textuellement exprimées par le Roi lui-même, c'est lui obéir respec-

---

(1) Notamment en 1356, 1514, 1535, 1554, 1560, 1564, 1566, 1670, 1731 et 1738.

(2) Charte de juin 1814, art. 63.

tueusement ; toutefois il importe de remarquer la date de la Charte : elle a été publiée en juin 1814 ; à cette époque, on ne devait pas craindre les événemens de 1815, tout faisait espérer que la tourmente révolutionnaire allait se calmer, cependant le Roi prévoyait qu'il pourrait devenir nécessaire de rétablir ces jurisdictions.

Aujourd'hui, tout moyen de douter serait, suivant moi, une erreur évidente : les faits récents ont parlé : la démoralisation presque générale est de plus en plus démontrée : l'insurrection est prête à éclater de nouveau : tout palliatif serait désormais, non-seulement insuffisant, mais même dangereux ; si les agens de la police font des rapports sincères, le ministère doit avoir la conviction intime que l'ordre ne peut renaître que par l'activité, la célérité et la rigueur dans les formes de la poursuite des crimes et délits.

Ce serait manquer d'humanité, que de ne pas tranquilliser l'innocence accusée, en lui faisant remarquer que, toujours, la justice tient, d'une main, la balance ; mais il faut frapper de terreur l'incorrigible perversité, en lui montrant que cette même justice est toujours appuyée sur le Lion et que, déjà, son autre main est armée d'une épée nue.

En dépit des novateurs, cherchons ce qui, dans les loix anciennes, pourrait être applicable aux circonstances actuelles.

En général, l'ordonnance de 1670, combinée avec la déclaration de 1731 et les tit. 4 et 5 de la 1.re partie du réglement du 28 juin 1738, me paraît contenir ce qu'il y a d'essentiel, en ce moment, pour le rétablissement des justices prévôtales ; cependant je desirerais que la loi nouvelle contînt quelques dispositions plus positives.

Tous les magistrats sont responsables, au moins moralement, de la sûreté publique. Arrêter le criminel à l'instant où il commence l'exécution d'un délit, ne pas le laisser échapper lorsque, malheureusement, le crime est déjà consommé, ce sont deux actes bien importans que le moindre retard peut rendre impossibles : cette réflexion décidera sans doute le pouvoir législatif dans son ensemble (1), à ordonner que les Prévôts

----

(1) Cette locution pourra, peut-être, paraître extraordinaire à quelques lecteurs qui n'auraient pas lu, avec attention, le préambule de l'Ordonnance royale du 13 juillet 1814, su la convocation des Collèges électoraux ; on y remarque ces

seront tenus, concurremment avec tous autres magistrats de Police judiciaire ou administrative, de faire arrêter tous les prévenus de crimes, délits, ou contraventions, soit d'après une plainte avec ou sans partie civile, soit à la clameur publique, soit dans le cas de flagrant délit, sans distinction d'âge, de sexe, ou d'état, mais à la charge d'envoyer, dans le plus court délai, au Procureur du Roi près le tribunal d'arrondissement, le procès-verbal de l'arrestation.

Il faut confier les premiers actes de la poursuite des délits à quelques-uns de ces guerriers sans reproches et sans peur, et ne quitter les formes militaires que quand tous les complices ne pourront plus échapper à la justice.

Les jugemens de compétence feront ensuite rentrer ces arrestations provisoires dans les bornes ordinaires du pouvoir purement judiciaire. Je ne verrais même ancun inconvénient à ce que la liberté provisire avec caution fût accordée, en tout état de cause, aux termes du chap. 8 du

---

mots : *le pouvoir législatif dans son ensemble* statuera sur la loi des élections : j'employe les mêmes termes, parce qu'ils expriment nettement toute ma pensée, puisque j'ai, aussi, l'intention d'énoncer toutes les parties qui composent le pouvoir législatif.

livre 1.re du Code d'instruction criminelle de 1808.

Toutes les fois que la rigueur ne sera pas indispensable pour préserver la tranquillité publique des attaques des malfaiteurs, je demanderai l'emploi des formes les plus compatibles avec la liberté individuelle ; mais seulement après que les prévenus auront été, provisoirement, mis sous la main de la justice ou de la police, et qu'on aura pris toutes les mesures convenables pour les empêcher eux et leurs complices de prendre la fuite avant un jugement d'absolution.

Quant à la compétence des Prévôts, l'ordonnance de 1731 établit deux divisions bien distinctes.

Compétence tirée de la qualité des personnes :
Compétence tirée de la nature des crimes.

Pour le premier cas, je pense que, dans les circonstances, on devrait ordonner que les Prévôts connaîtraient de tous crimes, délits et contraventions commis par gens qui auraient préparé, organisé, excité, dirigé, ou favorisé le complot qui avait pour but de détrôner notre Roi, ou qui ont porté les armes contre lui depuis février 1815.

Si les vagabonds, les gens sans aveu ont

toujours été justiciables des Prévôts, à combien plus forte raison doit-on comprendre parmi leurs justiciables cette troupe de révoltés ?

Mais, dira-t-on peut-être ? « On donnerait « donc un effet rétroactif à la loi ».

Non, répondrai-je : il n'y aura pas d'effet rétroactif, puisque les crimes, délits, ou contraventions pour lesquels les arrestations auront été ordonnées, seront postérieurs à la promulgation de la loi.

Que ces hommes, qui, depuis si longtems, sont en état de rébellion, veillent attentivement sur leur conduite future, s'il ne veulent pas être poursuiviis rigoureusement pour leurs nouvelles fautes aggravées par leur conduite passée.

Dans toutes les législations criminelle où civile, les faits nouveaux, même postérieurs au pardon des anciens, ont fait revivre les faits antérieurs. Jamais ces principes n'ont été contestés.

Quant à la compétence tirée de la nature des crimes, je crains que l'ordonnance de 1731 ne soit pas applicable bien clairement aux propos ou cris séditieux, aux mots et aux signes de ralliement, aux chansons, aux gravures ou estampes, aux pantomimes, aux caricatures.

Ces loix portent que, lors du premier interrogatoire, les Prévôts déclareront aux prévenus qu'ils entendent les juger prévôtalement : cet avertissement me paraît prématuré : il est probable que l'instruction *seule* amenera la preuve des faits qui décideront la compétence, par la nature du délit et sur-tout par la qualité du prévenu, je pense donc qu'il suffirait que cet avertissement fût donné quarante-huit heures avant le jugement de compétence.

Enfin le réglement de 1738 porte que les requêtes en pourvoi seront signées par l'avocat du demandeur : ces termes paraissent indiquer que l'accusé seul a le droit de se pourvoir. Je crois qu'il faudrait aussi laisser cette faculté à la partie publique qui pourrait avoir des griefs contre les jugemens de compétence ou définitifs.

Ceux qui croient que la liberté individuelle doit être préférée à la sécurité publique ne manqueront pas de m'accuser de rigorisme.

Pour toute réponse à cette inculpation, je leur dirai que, quand il n'y a plus de sécurité publique, la liberté individuelle est en péril, que, conséquemment, il faut assurer à tous la première, pour que chaque individu puisse jouir de la seconde ; je leur dirai que, dès que la société est outragée, l'allarme est générale et qu'il faut, avant tout, s'assurer de la personne

du prévenu , et prendre toutes les mesures né-
cessaires pour la prompte et éclatante vengeance
publique (1).

***

(1) Quelques personnes très-honêtes , très-royalistes pen-
seront , peut-être , que mes craintes ne sont pas fondées.

Je désire bien sincérement me tromper ; mais , à la joie
insolente des méchans , je juge que le danger est imminent.

Quiconque n'est pas obligé de voir et d'entendre beau-
coup de monde , ou peut faire choix de ses sociétés , n'est
pas à portée de savoir ce qui se passe de sinistre : il n'a sous
les yeux que des tableaux agréables.

C'est ce calme qui nous a perdus au commencement de
1815 : on n'a jamais calculé les forces de l'astuce, de l'audace
et de la perfidie réunies : parce qu'on voyait la très-grande
majorité des français très-attachés à la monarchie légitime,
on n'a pas redouté l'usurpateur : on a négligé de mettre
sur le rivage quelques centaines d'affidés qui auraient pu
l'empêcher de mettre le pied sur le territoire français : à
mesure même qu'il avançait vers la Capitale , on croyait
que sa perte devenait plus certaine : cependant nous avons
tous vu les événemens du 20 mars.

Hommes vertueux qui ne pouvez croire au retour de tant
d'atrocités , songez donc que l'impunité seule a produit suc-
cessivement toutes les horreurs dont nous avons été témoins
depuis 1789 , sans pouvoir les empêcher , parce que , dès
l'origine, on a refusé de mettre en pratique cet adage si connu
principiis obsta.

Soyons calmes , modérés , justes , mais mettons nous en

Je crois avoir rempli mon but par mes deux écrits : dans le premier, j'ai indiqué le moyen équitable 1.º d'empêcher l'opulence criminelle de soudoyer les malfaiteurs, 2.º de réparer en partie les désastres de la France. Dans celui-ci, je propose de rétablir dans leurs anciennes fonctions ces magistrats-guerriers dont la loyauté et la valeur feront trembler les scélérats.

J'ai acquitté ma dette de bon citoyen franchement attaché à ma Patrie, à mon Roi et à la Charte qu'il nous a donnée, en mettant au jour des idées que je crois très-utiles, dont cependant je ferai le sacrifice avec une respectueuse soumission, si le Pouvoir législatif dans son ensemble, ne croit pas devoir les adopter, et je continuerai de former des vœux pour le maintien de la Royauté légitime, et la punition prompte et éclatante de quiconque voudrait porter atteinte à ces principes, bases fondamentales de la tranquillité de mon Pays.

Vive le Roi !

____

surveillance : découvrons, arrêtons ceux qui disposent les brandons ; car, si nous leur laissons le tems d'y mette le feu, nous ne pourrons plus éviter l'incendie.

ERRATUM.

Faute d'impression essentielle à corriger dans le premier écrit ayant pour titre :

MOYEN TRÈS-ÉQUITABLE DE RÉPARER UNE GRANDE PARTIE DES DÉSASTRES DE LA FRANCE.

Page 5 , dernière ligne, on lit : qui sont la *cause* immédiate, *lisez* : qui sont la *conséquence* immédiate.